JN439972

이름 없는 꽃

이름 없는 꽃

초판 1쇄 인쇄 | 2025년 12월 30일
지은이 | 박순현
펴낸이 | 이재욱(필명:이승훈)
펴낸곳 | 해드림출판사
주 소 | 서울 영등포구 경인로82길 3-4(문래동1가 39)
센터플러스빌딩 1004호(07371)
전 화 | 02-2612-5552
팩 스 | 02-2688-5568
E-mail | jlee5059@hanmail.net

등록번호 제2013-000076
등록일자 2008년 9월 29일

ISBN 979-11-5634-670-8

박순현 시집

없는

해드림출판사

Preface

'하겠지'에서 '하는구나'로

'되겠지', '하겠지'의 흐릿한 기대 속에서 게으른 몸과 마음을 돌아보며 후회와 부족함의 소리를 글로 적기 시작했습니다.

'해야 하는구나, 잘하고 있구나' 하고 스스로를 다독이며 이렇게 서툰 문장들을 한데 모아 한 권의 시집을 묶어 보았습니다.

'하겠지'에서 '하는구나'로 걸음을 바꾸기까지 수많은 날이 달력 위에서 사라져갔고, 그만큼의 고단함이 저를 시험하기도 했습니다.

그러나 큰 욕심을 내려놓고 소소하지만 확실한 행복에 마음을 두기 시작하면서 삶의 만족도 조금씩 차오르기 시작했습니다.

이제는 더불어 웃는 웃음을 마음껏 짓고 싶습니다.

2025년 11월 20일

박순현

차례

제1부 별이 된 마음

제2부 빈 하루

제3부 달을 먹고 사는 나무

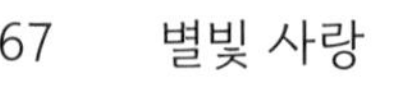

제4부 어제, 오늘 그리고 내일

제5부 빈자리

별이 된 마음

향기

먼 길을 돌아
기다린 길목 위에
잊지 못할 얼굴이
오랜만에 만져보는
지난 시절을 들고 서 있다
숨겨뒀던 그리운 마음이
꼭 잡은 손
지난 시절의 울음과 웃음들
아름다운 흔적들 가득차다
눈꽃 같은 하얀 물감을 이고
행복한 눈망울에
오늘이 넘친다
내가 살아가는 날
지금 같은 향기이기를

스마트폰 카메라를 큐알 코드에 대면 링크 주소가 뜹니다.
이 링크 주소를 클릭하면 해당 노래가 나옵니다.

여행

모래알같이
작았던 연연들을 찾아 길 나선다
사랑의 말로 만들어진
노래를 부르면서
먼 여행의 길을
배워 나간다

부족한 숙제를 펼쳐본다
멀리도 왔다
아침 밝아오는
많은 아쉬움이 남았는지
아침 해가 아직
동쪽에서 멀다

착한 한 그릇의 밥이
어리석은 내 정신을
꽉 붙들고 있다

너와 나

널 붙잡으려 애를 쓰며
오늘도 살아간다

하늘이시여
난 네가 있어 희망을 얻는데

땅이시여
난 네가 있어 꿈을 심는데

물이시여
난 네가 있어 생명을 마시는데

난 네가 있어 만남의 행복을 알았는데
인간이시여
네가 있어 이별의 슬픔을
연습하는데

비가 내린다

대문 밖에 서 있는 그대
비에 젖어 무겁게 든
추억의 옷을 벗어 던지고
떠나고 있다
바람만 휑하다

언제 올까
다시 찾아올까
아쉬움만 가득해진다

기쁜 순간들이
욕심들 속에서
아픈 조각으로
부서져 내린다
빗줄기 속으로

왕숙천

작은 물길 따라
꿈을 안고
희망이 흐른다
큰 강물이 되고
더 넓은 바다에서
별을 가득 담고
태양 같은
정렬로 산다
용이 높이 날아 오른다

사랑

아침 햇살이 나를 부른다
호숫가에 내려앉은 백조가 되어
하루를 힘차게 헤엄친다
보이는 것은 모두
익숙하고 반갑다
그리운 것은
가끔 새롭게 경험하는
추억의 냄새로 정겹고
오늘 살아가는 배움은
새롭게 피어나는 줄기에
가장 소중하고 행복한 말
사랑이란 꽃을 피우고 싶다

코스모스

기다림을 헤치고
고개를 내미는
너의 미소에
하루의 시작이 멋지다
잎마다 사랑과
행복 가득하고
나누어주는 너는
희망 가득한 주머니

봄을 기다리며

떠난다는 한마디에
잎새 하나둘 던지고
빨리도 갈아입은 옷 사이로
이별의 날갯짓 숨 가쁘다
어둠 속으로 숨어드는
차가운 시간들
마음을 덮었던
낙엽을 쓸어내고
호주머니 속
따뜻한 그리움을 살며시 녹여본다

무궁화

이슬 머금고 피어난
희망의 꽃

길 잃은 나그네 마음을
쉬어가게 해주고
호랑나비 노랑나비 먼 곳에서
찾아오는구나
지친 날개를 접고
편안한 행복을 짓는다

태양은 떠오르고
하늘도 밝아오고
우리의 꽃 무궁화는
활짝 핀다

행복한 사람

마음 받으면서 행복했고
정을 주면서 즐거웠다

냇가를 말없이 흐르다
멈추고 반짝이는 별들의
다정한 속삭임

잘 가꾸지 못한
세월 한가운데서도
네가 있음에
나는 행복하다

별이 된 마음

가슴에 넘치는 설움
동이에 물 쏟듯 비우려
찾아와 보니
산속 나무들은
눈을 감고 잠만 자고 있다

천둥 같은 울음을
풀잎에 올려놓고
잎새 뒤 작은 벌레가 되어
이슬 속으로 숨는다

익지 않은 세월 억지웃음에
바람이 머물다 간
휑한 흔적에
빈 깃발만 펄럭인다

건너와 버린

강물에 다시 발목을 적시어 본다

친구라는 이름
상처를 다독이고
더 큰 웃음을 웃게 하더니

삶의 언덕 그대는
띄워 보낸 종이배 뒤로
바람이 점점 더 시리다

새벽하늘에 매달려
작은 별이 되어
너를 부르고 있다

스마트폰 카메라를 큐알 코드에 대면 링크 주소가 뜹니다.
이 링크 주소를 클릭하면 해당 노래가 나옵니다.

내가 한 사랑을 위해서

그대 지금 슬퍼하나요
지금 슬프지 않다면
즐거움은 오지 않을 것입니다

그대 지금 외로워하나요
지금 외롭지 않다면
정다움은 오지 않을 것입니다

그대 지금 걱정하나요
지금 걱정하지 않으면
안식은 오지 않을 것입니다

그대 지금 사랑 하나요
지금 사랑하지 않으면
행복은 오지 않을 것입니다

그대 지금 행복하나요

지금 행복하다면 고이 간직하세요

내가 품고 살아온 그 사랑을 위해서

스마트폰 카메라를 큐알 코드에 대면 링크 주소가 뜹니다.
이 링크 주소를 클릭하면 해당 노래가 나옵니다.

소중한 사람

내가 웃을 수 있는 것은
누군가를 생각하고 있기 때문입니다
내가 즐거워하는 것은
누군가와 같이 있기 때문입니다

차가운 바람이 스칠 때 옷깃을 여미고
어느새 숨어드는 손 장갑처럼
따스한 마음에 있기 때문입니다
어두운 밤 나 혼자 하늘에
서성거리는 별이 되어 지쳐갈 때
살며시 다가와 포근히 안아주기 때문입니다

내가 울고 있는 것은
소중한 사람을 잃어버린 것 때문입니다
내가 슬퍼하고 있는 것은
소중한 사람을 보내 버린 것 때문입니다

이제는 소중한 사람과
밤하늘에 사랑의 별을
하나씩 만들겠습니다

스마트폰 카메라를 큐알 코드에 대면 링크 주소가 뜹니다.
이 링크 주소를 클릭하면 해당 노래가 나옵니다.

갈망의 꽃

어둠의 끝이 보이지 않는다
희망의 자락이
먼 곳에 있는지
가깝게 있는지
순간순간 익숙해지며
다른 의미가 보이는 것은
하루를 바쁘게 힘들게 만들며
살아야 하는 연습이다

내 안의 갈망은
부정하지 않고
갈망하는 나를 만드는
그 길을 찾고 싶어한다
야속하게도 우리들은
쉬운 만남과 이별을 반복한다

작은 돌담 사이로

이름 모를 꽃잎이 나오다
돌 틈 사이로 어렵게 싹이 나오듯
작은 행복들이 많이도 그립다
사랑을 배우고 웃음을 찾아내고
환한 꽃잎이 하루를 가득 채우고
또 그렇게 시들어 간다

스마트폰 카메라를 큐알 코드에 대면 링크 주소가 뜹니다.
이 링크 주소를 클릭하면 해당 노래가 나옵니다.

빈 하루

까만 고무신

별 하나 주워먹고
그 빛으로 고무신을 찾아봐도
까만 고무신은
보이지 않는다
맞지 않는 고무신을 신고
비틀거리기만 한다

주워 먹은 별을 토해
넓은 하늘에 매달고
까만 고무신의 아픔은
별 속에 비운다
고무신을 가득 메웠다

이제 행복을 만나러
고통의 강을 건너가야 한다
울지 못하면
웃지도 못한다

나를 웃게 하는 것은
소중한 기쁨이다
다른 길을 갈
새로운 까만 고무신을
찾아 나섰다

탈춤

쓰러졌다
다시 일어난다
짧은 즐거움을
긴 행복처럼 살고 싶다

아쉬운 하루는
별빛의 눈을 피해
밤 속으로 깊이
도망간다

굵은 색소폰 소리가
긴 세월을 뚫고
내 맘으로 처들어온다
기억들이 힘없이 흩어진다

무거운 옷을 벗어 던지고
나뭇가지에 누운 구름은

여행을 멈췄다

태양은 내일 아침에
행복한 하루를 가지고 올 것이다
바람은 더 신나게
가지를 흔들고 춤을 춘다
나는 가면을 쓰고
새로운 하루
탈춤을 춘다

후회

길지도 않는 머리카락을
뒤로 넘겨본다
새들의 넘치는 힘의 날갯짓에
지난 봄의 향기
멀리 날린다
녹색 옷을 입은 나뭇잎들
더 진한 그리움의 엽서가 되어
돌아왔다
노을 끝에 매달려 있는
간절한 기도가
손끝에서 뜨겁게 빌고 있다
돛단배가 큰 파도를 피하며
나의 후회를 가득 싣고
비틀거리며 지나간 시간 속으로
들어가 본다

연

가느다란 줄에
얼룩진 세월이
파르르 떨린다
짙은 한숨 속에
욕심이 가득하다

잊어야 한다
버려야 한다
많이도 생각하는
오늘이 참 무겁다

연 위에 미련을 가득 얹어
하늘 높이 띄우고
붓을 꼬리에 묶어
새로운 행복을 그린다

팽이처럼

돌아간다
나도 돌아가고
너도 돌아가고
지구도 돌고
마음도 돌고
복잡하고 어지럽다
오색찬란한 팽이처럼
돌고 싶다

빈 하루

산이 간다
나무가 저만치 간다
풀잎마다 끼워둔 알알의 마음
가지 밑으로 떨어져 버렸다
채우지 못하는 욕심을 등에 지고
허무한 마음을 따라나선다

한 발자국엔
시들지 않는 꽃으로
웃고만 있는 그대를
그려 넣었고

두 발자국엔
한낮의 락 리듬이 식어갈 때
욕망의 불씨도
발자취 그늘로 꺼져간다
빈 하루 속으로 터벅터벅

내 고향

아파트 화단에
마음 심고 꽃 피우네
가을이 가기 전에
오늘이 아쉬운 듯
남은 이야기 미루며
고향 냄새를
마중 가네

산길 따라 걷는다
나뭇가지 휘저으며
저녁녘 져버리면
하얀 꽃 갈아입은
옛님 마중에
향수가
산마루를 넘어오네

시를 쓰는 마음

잃어버린 술잔을 채우고
익지 않은 글자를 잔 속에 잠기고
빈 잔만 휘휘 내 젓는다

취해간다
한 줄 두 줄 그리워지는 것은
그저 그런 친구가 아닌
너를 사랑하는
가난한 시인의 마음을 배우며

한 문장
욕심을 움켜쥔 산을 그려놓고

두 문장
세월이 흘러가는 강을 그려놓고

세 문장
살아가는 인연을 그린다

하얀 도화지

아무것도 그릴 수 없다
흰 종이 여백 잡으러
뚫어지라 응시하는 눈
연필 목을 움켜쥐고 누워
토하지 못한 마음만
도화지를 핥고 지나간다

귀퉁이에서 잃어버린 말이
천천히 걸어 나온다
길을 잃고 헤매고 돌아다닌
슬픈 노래가
귀속으로 점점 들어온다

시계는 깨져버리고
도화지는 하얗다

바위 2

어둡고 긴 폭풍의 밤을
침묵으로 지키고
이제 또
긴 낮을
마중하는 얼굴 단장하고
온 세상을 안아본다
이끼 머금은
시간의 흔적 사이로
시달린 잔주름이
많이도 아프겠구나

작은 새

꼬리를 꼬고 앉아
어둠을 안고 애를 쓴다
슬픔은 눈 속에서 숨죽이고
배고픔의 고통을 바삐 토하며
노래를 부르지 못하는 입가엔
힘겨움이 엉켜 있다

날갯짓을 멈추고 하는 한숨 속에
아픈 순간들이 숨어 다투며
긴 밤을 밀어 보아도
여명 소리는 들리지 않는다

작은 호롱 불빛 속에
언제나 고함을 치시던
아버지가 보고 싶다
형광등 불빛 사라지는 시간들 속으로

그릇

세모
네모
동그란 모양이 빚어진다
부질없이 매달려 있는
나쁜 모습을
아름답게 앉히고
사랑을 담는다

그릇을 잘 만들어 주는
사람이 스승이다
큰 그릇으로 튼튼하게 만들어
지식을 담아서
지혜로 쓸 줄 아는 것이
훌륭한 쓰임을 만든다

꽃잎

마른 잎 태우고 태우면서
지새운 기다림
어둠을 덮었던
검은 이불을 걷어내고
조그마한 눈으로
세상을 끌어 담는다
그대의 가슴에
살며시 숨어 앉아
진한 분홍색 옷을 입고
간절한 손짓을 한다

가을 낙엽

가을이 날아간다
높은 하늘 물들어 있는
예쁜 색깔의 낭만들
채 가시지 못하는 꽃들의 냄새
낙엽은 바쁘게 얼굴을 고친다
어제까지 초록의 친구였는데
바쁘게 불어오는
바람에 올라타고
겨울을 던져주고
가버린다

돌탑

생각 하나 올리고
소원 하나 올리고
눈빛 하나 더 올리고
사랑하는 모든 이
건강과 행복을
간절한 마음으로 쌓아
기도한다

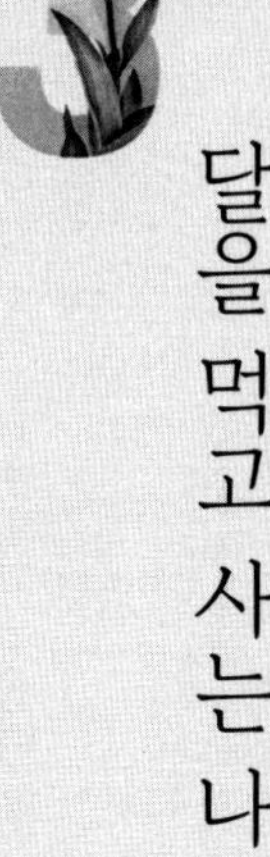

달을 먹고 사는 나무

무지개

소리도 없이 비가 내린다
시간들은 기회를 감싸주고
빨리 오질 않는다

지게는 무거운 하루를 지고
힘겨움에 아물지 않는
상처 속으로
소나기는 마음 아프게 내린다

새 소리가 들린다
피곤한 바위 틈새로
무지개가 피어오른다

노래하고 싶다

깊은 잠을 자고 있는 시간을
억지로 세워놓고
만지지도 못한 기타와
오랜만에 진한 포옹을 하고
소리가 도망가지 못하도록
어설프게 줄을 뜯어본다
노래하고 싶다
아직 하지 못한
노래를 하고 싶다

왜

두꺼운 이불을 덮고 잠만 잔다
허물어지고 허물어지는
반복되는 약속
무엇인가 숨겨놓고 찾지 못한다

손을 호주머니에 넣고
구슬을 만지듯
생각 속에서 행복했던 그때를
꼭 쥐고 만져본다

가슴 속에 망원경을 넣고
노력하지 못하고
억세게 짓눌린 도피 속에
중독된 하루하루를
무겁게 들여다본다

아침을 부르며

비에 젖은 하루를 안고
밤을 지키는 가로등
기다림으로 우뚝 서 있다

날아드는 찬바람이
시간을 빼앗아 도망간다
하늘을 헤엄치는 물고기 같은 마음들
숨어버린 별빛을 찾아 헤매고
익숙지 않은 새벽에
오랜 시간들을 만져본다

서랍 속 구겨진
철부지 사진을 본다
피식 웃으며 나를 달래본다

이름 없는 꽃

차가운 아침이 오면
남루한 옷을 붙들고
따스한 봄을 그려 본다
싸늘한 두려움이 커져가고
한밤의 추위는 더욱 차갑다
기다림에 길들여진
바위 옆에 기대어
겨울바람이 지칠 때
새 옷을 갈아입고
꽃을 피우며
숨겨두었던 향을
저 멀리 날리리라

스마트폰 카메라를 큐알 코드에 대면 링크 주소가 뜹니다.
이 링크 주소를 클릭하면 해당 노래가 나옵니다.

달을 먹고 사는 나무

따라간다
잡으려는 손끝을 뿌리치고
돌아서 있다

폭포처럼 쏟아져 내리는
공허한 짐
반쪽을 털어버리고
투덜투덜
텅 빈 마음을 식혀 앉히며
벌거벗은 가슴에
그리움으로 채워본다
나뭇가지가 흔들린다
바람이 불고 간 자리에
정적의 몸부림
밤이 부서져 내리고 있다

아침이 오는 소리

어디로 갔을까
달은 아직도
나무 위에 앉아 있는데

무명화의 하루 1

임 오시는 길
마른 마음 적셔 안고
끊이지 않는 그리움을
옷고름 마디마디 붙들고 올리며
잊지나 않을까
찾아나 줄까

차디찬 체온을
몇 번을 걸쳐감은 치마폭 사이로
지쳐가는 기다림을 날리우며
실빛 같은 님의 흔적에
놀라고 다시 놀라고
나뭇가지는 미동도 없이
누워만 있는데

먼 산 바위
긴 볕 땀 닦을 때

하늘 끝에 매달린 보고픈 마음을 흔들어
밤새 날리리리라

무명화의 하루 2

그대 오시는 길
거친 바람 쓸어안고
그리움을 줍는다

잊지 않을까
찾아나 올까

겹겹이 스며드는
차디찬 기다림에
지쳐가는 시간을 감싸며
꽃잎을 흔들어
밤새 내 향을 날리리라

연습

딩동댕
딩동댕
튕기는 끝없는 메아리로
희미하게 귀를 맴돌기만 한다
다시 얻은 오선지 위에
수를 놓는다
음표 하나하나를
조심스럽게 안으며
소리를 만져본다
여섯 줄이 소리를 낸다
큰 울림 속에
악보가 흥겨운 춤을 춘다
기쁨과 슬픔을
시간의 종이 위에
연습처럼 한 줄 두 줄 채워간다

꽃

숨어 버리고 없네
찾을 수 있을까

지난 달력에는
몸부림의 흔적에
많이 구겨져 있고
아침 거울에는
세월의 바람이 세차게 분다

밭 언덕배기에 앉아서
무성하게 흔들어 대는
풀잎만 만지작거리는 손안이
허전하다

야화

해가 뜨고
꽃이 피어오르고
강물은 흐르고
하늘은 파랗게 넘친다

등에 진 이슬을 버리고
기다림을 꼭 안으며
한낮의 그리움을 숨긴다
나비는 연못에서 지치고
저 산은
햇볕을 빨리도 삼킨다

바람 부는 밤이면
옷깃을 세워 달을 안고
별을 담으며
춤을 추는 야화

나팔꽃

아침이 오는 발걸음이
이슬에 젖어 흘러내리는 돌담 위로
마디마디 아름다움을 뽐내고
한층 한층 계단을 오른다
먼 하늘을 바라보며

가득 채운 그리움을 비우고
크게 벌린 마음으로
하루를 부른다

찌그러진 시계

모두 달아난다
입맞춤의 달콤함은
비틀거리는 욕구만 남겨두고
숨어 버렸다

길 잃은 돛단배는 방황을 잊은 채
까만 점이 되었다
작은 파랑새는 시간을 비켜
날개의 움직임이 더 빠르다
지친 순간을 감추고
긴 세월을 덮어쓰고 참아본다

보내지 못하고
잡지 못하는 시선들이 눈을 감는다
시계를 등에 지고
달 속에 숨어 울며
헛춤을 추고 있다

수레바퀴의 꿈

내일의 향기를 가득 담고
담벼락을 지키는 목련이 되어
바람의 노랫소리에 안겨 본다

휘둘러진 긴 세월의
도포를 접으며
물 한 사발 쥐었던 시간들을
손가락 사이로 밀어낸다

지친 발 신발 갈아신고
천천히 천천히 간다
꿈을 향해

별빛 사랑

알알이 부서져 파도에 묻혀버린
임을 향한 마음
소스라치게 떨어지는 잎새에
매달린 미련한 나날들
빈 잔 속에 기다림이 넘친다

빨래걸이에 말리고 있는
늘어진 그리움이 지쳐간다
나뭇가지 사이로 여미는
작은 바람을 훔쳐
숨을 달래 본다

구름치마 사이로
별빛이 나를 바라본다
나는 취한다
별빛 향기에

4 어제, 오늘 그리고 내일

겨울 사랑

버려야만 다시 채우는
자연에 순응하며 묵묵하게
단념해야 했던 마음들
가볍게 생각하고
쉬 지나가는 시간처럼 보낸다

낙엽을 떨구는 찬 바람이
나뭇가지를 마구 흔든다
훌훌 벗은 나무는
추운 밤을 홀로 견디는 것은
따뜻한 사랑의 옷을
선물 받은 기다림

다시 다가올 봄을 기약하며
다시 다가올 봄의 기다림은
꽃잎 속에 묻어둔 봄의 약속을 기다리며
따뜻함이 가득한 옷이
나무를 가린다

그리움

그립다 서성이다 마음만 두고가네
꽃잎에 날리우는 바람만 부여잡고
지나간 그리움만이 마음에서 차갑다

그림자

보이지 않는 널
가슴이 터지도록 키우며 산다
하얀 속살 붉은 꽃잎에
아름답게 피어나고 자라고

벌판에 춤을 추는
꽃잎과 열매들
보일 듯 말 듯
익어가는 계절 속에
너는 마음 가득 웃는구나

솔 나뭇가지 위에
눈 꽃송이 가득하면
그 속에 너를 숨기고
봄을 기다린다
내 속에 살고 있는 넌
내가 그린 나의 영원한 그림자

자전거

어디로 갈까
어느 길이 좋을까
즐거움은 기다려주지 않는
시간 속에서
짧은 여운만 되새기고
힘겨움은 긴 차가움이 되어
제자리걸음만 돌고 있는데
벌써 노을이 물들고 있다
놓쳐버린 파란색 다시 색칠하고
바퀴가 다라짐에 익숙해지며
곱게 단장하고 반겨주는
길 위에 안기고 싶다

흐르는 시간 속의 희망

바람이 아쉬움을 데리고
창밖에 서 있다
지나가 버린 시간들
무엇을 찾고 있을까
희망이 아무리 멀어도
조금씩 가야 한다
살아있는 지금
사랑하고 행복하며
천천히 강물처럼
흐르고 싶다

지금

어릴 때는 꿈의 씨앗을 뿌리고
오늘은 희망차게 나무를 가꾸며

먼 후일에는 행복 가득한
열매를 얻는다

어제의 마음만 붙잡지 말고
내일의 안식을 위해
나 지금 무엇을 하고 있나

어릴 적 가을 향기

어디로 숨어 버렸는지
소리도 들리지 않고
보이지 않는다

징검다리를 건너듯
성큼성큼 넘겨버린 세월에
아무런 흔적이 없다

끝없이 자라나는 어린나무처럼
푸릇푸릇한 마음들
하늘 가득 채웠던 어린 시절

어설픈 사랑을 배워가던
비 오는 가을날
담벼락에 기대어 익어가던 단풍잎 향기가 그리웁다

어제, 오늘 그리고 내일

터질 것 같은 어두운 동체를 달래며
조각조각 난 갈등은
부서져 내렸다
아침은 또 다른 하루
힘겹게 짊어지고
바쁘기만 하다
저 멀리 노을에 잡힌
오늘 무척 아쉽다
훔쳐보는 내일 속으로
숨어 버린 우리

외상

빗방울이 살며시
풀잎 위에 앉았다
다시 흘러내린다
머리카락 속으로
빗방울이 스며든다
촉촉해지는 느낌
비가 좋다고 찾아다니던
그때가 그리웁다

눈에 보이는
나무 꽃 강 하늘
모두 아름답다
멋진 행복과 사랑
살고 있는 내가 행복하다

갑자기 불어오는 바람
가슴을 툭 치고 날아간다

어린 시절 꾸깃꾸깃한

노트 속에 흐려진 몇 마디

우리 살아감이 참 아름답고 즐겁다

외상이라고 적힌 글 늘 궁금하다

우린 지금 외상으로 살아가는 것은 아닐까

아날로그

짜증을 내어도 변치 않고
어설픈 웃음 뒤로
손끝을 잡아준다

가파른 하루해가 힘들어도
너를 만난다는 즐거움에
험한 길이라도 찾아가야 하고
늦어도 기다림밖에 모르는 너와 나

비가 오지 않는 땡볕에
비가 되어 적셔주고
뼛속까지 시린 엄동설한에
모닥불같이 따뜻한 너의 마음 아날로그 친구야

파도

물 조각 흩어진다
조각조각 부르짖다 스며든다

지치지 않는 기다림이
파도 고랑 고랑에
하얀 마음으로 그리움이 되어 숨는다

귓전에 부딪히는 바람
작은 솟구침이 되어 하루를 잡아보는데
달빛 아래 부서지는 희미해진 미련들

또 하루를 잡아본다
밀려온 파도는 어느새
갯방울에 매달린 채 어제의 흔적이 되어간다

바람꽃

그대 마음속으로 들어가
뛰어놀던 그 자리 한적한 곳에
당신 닮은 꽃을 피웠소
바람 끝을 붙잡고 날리는
긴 겨울이 무척이나 차가웁다

그대의 향기는 숨어 버렸고
때 묻은 세월 속 먼지만 닦아내고 있다
그때를 지키고 싶었는데

그대 마음을 찾으러
좁은 산길을 따라 지난날을 깔아 놓고
다시 불러보는 너의 이름이
메아리가 되어
바람꽃으로 피었네

가엾은 이 꽃을

가시밭에 피어난 한 송이 꽃
누가 이 밭에 심어 놓았을까
피다 말고 찢기고 찢어진 흔적

상처만 가득 남은 꽃잎 속 아픔이여
말할 수 없어라
알아주는 이 하나도 없어라

너 한 몸
삶에 의존하여 상처와 집념 속에
꽃봉오리 맺을 때 한 번 울고
활짝 꽃 피울 때 두 번 운다

위대한 스승

자연은 위대한 스승이다
생각을 배우고
꿈을 배우고
눈의 쓰임
삶의 쓰임
마음의 쓰임을 배운다
완전하지 못함까지도 배운다

바둑

손가락에 마음을 담아
너에게 보낸다
나는 까맣고 너는 하얗다
나는 하얗고 너는 까맣다
서로 다른 생각들을 하곤
삶을 나눈다

복기라는 훌륭한 스승
이기는 습관을 알려주고
패배한 대국의 복기는
잘 둘 수 있는 준비를 만들어 준다

어떻게 살아왔나 되돌아보는 것은
앞으로 잘 살 수 있는
내일을 보는 것이고
후회를 돌아보는 것은 희망을 만들어가는 행복이다

빈자리

빈자리

오늘은 친구 생일
내일은 이웃집 아저씨 생일
다음 날은 내 생일
차려진 음식보다
얼굴을 마주 보며
서로의 마음을 나눠 먹는
웃음과 즐거움이
살아감에 최고의 행복인데
유리창에 비가 내린다
떠나고 없는 빈자리에
빗물이 가득 고인다

고추장

그릇 안에 맹물만
얼굴을 힐끔 바라본다
희미한 거울 속에 지난날들이
나를 비웃고 도망가듯 한다

마른 마음을 나뭇가지에
올려놓고 비를 기다려본다
세상 바다에 낚시를 드리우고
욕심의 미끼를 던져 본다

조용한 내 마음을 일으켜 세운
어머니의 목소리
고추장은 훌륭한 맛이다
사람은 고추장보다 더 맛나야 한다

인생의 훌륭한 맛은
행복을 만들 수 있는 멋을 가진 사람의 성품이어야 한다

고추잠자리

작은 연못을 빙빙 돈다
하루가 어지럽게
흔들리는 갈대숲에
지친 날개 조심스레 펼치며
풀잎 위에 매달린다
반김을 더하지 않는 듯 날아간다
기쁨 가득하게 피어나는 연못가를
잠자리는 날고 있다

오솔길

당신의 손을 잡고
산책을 한다
세월 속 주름이
많이 아팠는데
쉬어가는 노을에
마음을 얹어 놓고
당신의 눈 속으로 빠져든다
징검다리를 건너듯
슬픔과 기쁨을 힘겹게
나누어 건네며
힘들었던 시간의 두께를 누르고
정답고 행복한 이야기가
끝없이 피어나는 오솔길을
당신과 함께 걷고 싶다

커피 한 잔

한잔의 커피 같은 지난날을 마시고
또 한 잔을 받아놓고
기다림에 지쳐버린
공간에 갇혔다

달콤함이 조화롭게
정겨운 맛을 나누던
촉촉한 입안의 추억
맛있는 감동이 그리웁다

발끝이 추운 겨울날
눈밭을 헤치며 커피 한 잔 속
사랑이 녹아내리는
그 따뜻함이 참 좋다

팽이

파랑 빨강 노랑
유난히 빛을 내며 서 있다
비틀거리다 자리를 잡고
쓰러지려다가 다시
바로 세우는
아픈 채찍을 맞으며
슬픔과 즐거움을 안고
열심히 돌아간다
나도 돌고 너도 돌고
하루하루
희망을 색칠하며
팽이처럼 살아간다

이 봄에

어색하게 다가옴이 너무 반갑다
새들의 합창은 창을 흔들고
가지 끝에 매달린 바람은 차가운데
봉우리 향기가 나를 잡는다
꽃이 피어난다
가슴속으로 들어와 춤을 춘다
기다림의 흔적도
어젯밤 꿈처럼 산산이 흩어지고
그리움으로 가득 찬 마음이
따뜻하게 웃는다
우리의 의미가 만든 용량은 얼마나 남아 있을까
불꽃 같은 꽃잎 위에
사랑이라 가득 쓰고 싶다

아버지

속울음을 삼키며
산허리를 부여잡고
지친 하루를 달래본다
익숙한 낡은 대문 앞에
깊이 박힌 돌처럼
빈 하늘만 응시한다

오직 잘 살아야 한다는 생각 속에
낮보다 더 밝은 밤을 보낸다
자식들이 빤히 쳐다볼 때
눈물을 감추고 웃어 주시던 아버지

가시는 곳을
무작정 따라나섰다
진실된 길로만 걸으라 하시던 당신께서
산비탈을 감싸안고
그곳에 앉아 계신다
지금은 차가운 밤 여전히 그곳에 홀로 계신다

풍선 놀이

차근차근 담는다
우리의 믿음을

알뜰살뜰 담는다
우리의 마음을

넘치지도 않고
모자라지 않게 담는다
우리의 사랑을

친구

진흙이 잔뜩 묻은
고무신을 털 듯이
세월의 흔적을 더듬어 본다
달빛이 저무는 하늘 끝에 매달린
그리움이 너무 아쉽다
언제나 나무같이 서서 바람도 막아주고
그늘도 되어주고
팽이처럼 돌다 지쳐 쓰러져
주저앉아 있을 때
일으켜 세우고
다시 돌게 해주었는데
힘없이 늘어진 어깨 위에
따스한 손길로
힘내라고 하며 밝게 웃어주던
고마운 보고 싶은 친구

일어나

잃어버린 것들
늦어버린 것들
후회도 미련도
어둠의 바다로 씻어 내리고

구름을 걷어서
가슴에 넣어두고
조금씩 울고
환한 달을 따서
꼭꼭 숨겨두고
가끔 살며시 울고만 싶다

여명을 붙잡고 일어난다
걸어간다
또 하루의 길목 깊은 곳으로

내일

비에 젖은 하루를 안고
밤을 지키는 가로등
뒷모습이 허전하다

하늘 향해 나부끼는
나뭇잎 사이로
오늘의 흔적이
점점 더 멀어져 간다

늙은 마른 가지 위에
참새 떼들이 날아와 우짖는 소리에
내일이 밝아온다

9회 말 투아웃 만루

수만 개 눈동자가
내 눈을 쏘고 있다
굳은 채로 서서
진공에 갇혔다

와 ……
운동장을 꽉 채운 함성은
두렵고 겁이 난다
철없던 어린 시절
낡은 사진 속으로
숨어들고 싶었다

쳐야 한다
딱 ……
저 멀리 하늘 향해 날아가는 공
스타디움이 터질 것 같은 함성 속으로
화살을 매달고 날아가 버린

찢어진 세월을 걷어차며
꺾이고 부러진 순간들이
고함을 치며 뛰어 나온다
홈런으로 날아간 내 인생
웃어보자 하하하

촛불 1

태워버린 외침이
숨죽여 울고 있다
심장을 짓누르는
정적의 몸부림이
까만 밤 자욱한 들녘을 지키는
허수아비로 서 있다

밤은 촛물에 젖어
긴 강으로 스며들고
요동치며 흘러내리고 있다

바람은
간절한 손짓을 외면하고
먼 시간 밖 바위 속으로 숨어버렸다

촛불 2

작은 외침을 토해내며
누구를 부르고 있다
어둠을 움켜쥔 불빛이
지지 않는 꽃으로 피어난다
숨결마다 휘날리는 몸짓은
힘겹게 밤을 부여잡고
한 많은 그리움의 강물 되어
흘러내리는 몸부림 속에
들려오는 노랫소리는
메아리가 되어 촛불 속으로 잠든다

촛불 3

짙게 물든 어둠을 받들고 서 있다
끝없는 울부짖음을 태우며
빛바랜 기억 속
파랑새를 찾는다

눈물은 밤을 향해 흘러내리고
잃어버린 따뜻한 님의 미소를
작은 팔 벌려 부르며
거친 춤을 추고 있다

아직도 우리는 현란한 춤을 추고 있는 중이다

서평

시를 통한 자신의 존재성과 정체성과 행복 찾아 떠나는 여행

-박순현 시인의 첫 시집 『이름 없는 꽃』에 붙여-

이충재(시인, 문학평론가)

1. 시인과 시인의 삶을 생각하며

시 원고를 처음 대할 때면, 다소 흥분과 함께 궁금증이 유발되는 것은 비단 필자뿐 아니라 많은 전문 글 작업하는 사람들 혹은 독자들에게도 마찬가지로 해당된다고 생각이 된다. 그 이유를 크게 두 가지 정도로 생각할 수 있겠다. 첫째는 그 한 사람의 생애가 이 한 편 두 편의 시에 수록되어 의미와 가치를 드러내는 여정이라는 것이다. 이는 그 시 여백을 통해서 정서와 감성과 이성으로 얼룩진 삶의 단편들이 묻어나오기 때문이다. 두 번째로는 시인이 그의 삶을 어떻게 진단하고 미래의 삶을 재설정하고 있는가의 궁금증을 시에서 발견되기 때문이다. 이들이 하나둘 모여서 사회를 이루고, 그 사회가 국가를 이루고, 그 국가들이 모여서 인류를 형성하기 때문에, 그 한 사람의 사상이나 삶의 건강성은 곧 인류의 건강성과도 직결된다고 믿기 때문이다.

이 시대가 왜 이렇게 모순 속에서 스스로들 멸망케 하고, 타인의 삶과 사유의 결과물을 불신하고 아집과 이성을 잃고들 살아가는지? 그 원인은 한 사람 영혼의 건강성과 진정성과 순수성을 잃은 것으로부터 원인을 찾을 수 있겠다.

그 진정성과 순수성과 공의와 정의를 가장 잘 보듬고 살아가는 이들이 시인이라고 명명하는 이들이 제법 많은데, 이미 그 가치는 먼 옛말이 되어가는 아픈 현실이다. 그래서 더욱 한 사람의 시인이 첫 시집을 내거나 새 시집 원고를 만날 때마다 호기심이 자연스럽게 찾아오는 것은 당연한 일이다.

필자는 박순현 시인을 잘 모른다. 그 전모는 시를 통해서만 알 수 있다는 말이다. 어쩌면 가장 객관적으로 알아가는 수단이 된다는 점에서 사심과 편견이 철저하게 배제되는 경우라고 할 수 있다.

박순현 시인의 작품을 일일이 필기하면서 시인의 삶과 사상과 사유의 올 하나하나를 찾아가 보는 은총을 입은 까닭에 감사의 마음을 전하기로 했다.

시는 시인의 마음과 시인의 가치관과 철학을 그대로 투영시키는 문학예술이다. 시를 전문적으로 배운다는 것을

달리 말하면 그의 진실성이 훼손되거나 일부는 리모델링 되어 진정성이 다소 떨어져 나가거나 숨겨지는 장점 아닌 단점의 요인도 될 수 있다는 사실을 부인할 수가 없다. 그렇다고 시 문학이 액면 그대로 민낯만을 드러내 보이면 이 또한 독자들을 향한 배려로부터 결례(缺禮)를 행하는 것이기에, 일정 부분 문학적 요소로서의 수사학과 상징적 표현과 함축적 소통의 방법이 장치되는 것을 지향하는 것이다.

이런 점에서 볼 때 박순현 시인은 시를 창작하는 전문 과정을 경험한 시인이라고 할 수 없지만, 진정성과 순수성을 이야기 할 때는 가장 아름답고 가치가 있는 원석(原石)이라고 평가할 수 있겠다.

지금까지의 삶 중 그 누구에게도 말 할 수 없고, 자신에게 조차도 숨겨온 사실들을 시라는 그릇에 하나둘 옮겨 담을 때마다 흘렸을 눈물과 미소를 충분히 가늠케 한 작품 세계가 이번 첫 시집 (『이름 없는 꽃』)에서 충분히 엿보여서 평설을 쓰는 이의 마음을 흐뭇하게 해 준다.

박순현 시인의 원고를 한편 두 편 감상하면서 불현듯 스쳐 지나가는 작가 장영희 교수가 그리워졌다. 평생을 장애인 교수 외 번역가와 작가로 일생을 마친 그녀의 작품 세계는 사후인 오늘날도 많은 독자들에게 위로와 힘과

용기를 주기에 충분하다는 사실을 강조해 온바. 그녀의 삶이 박순현 시인의 삶과 오버랩되어 감동과 교훈을 주기에 필요충분조건을 모두 갖추고 있다고 본다.

장영희 교수의 문학 에세이를 통한 위로와 시적 힘을 드리고 싶다는 생각이 든다. 평생 지체 장애인으로 살아오면서도 문학적 달란트를 통하여 후학들을 돌본 삶을 사셨던 분으로서 그녀의 문학 세계는 충분히 위로와 힘이 그리고 아름다운 세상을 향한 이정표가 되기에 족하다.

"문학은 일종의 대리 경험입니다. 시간적·공간적·상황적 한계 때문에 이 세상의 모든 경험을 다 하고 살 수는 없는 우리에게 삶의 다양한 경험을 제공함으로써 시행착오 끝에 '어떻게 살아가는가', '나는 누구이며 어떤 목표를 갖고 이 세상을 살아가고 있는가'에 대해 새롭게 깨닫게 한다. 그러므로 문학을 통해 우리는 삶의 치열한 고통, 환희, 열정 등을 느끼고 감동한다. 정신적으로 자라나고 삶에 눈뜬다는 것은 때로는 아픈 경험이지만 이 세상을 의미 있게 살다 가기 위해서는 꼭 겪어야 할 통과의례이다." - 장영희의 책 『문학의 숲을 거닐다』 p.7

2. 시를 따라가면서 삶을 이야기해 본다.

존 폭스는 그의 저서 『시詩 치료』에서 '한 번도 소리 내어 울지 못한 그대에게'라는 부제로 고백한바, "시적 언어는 수천 년 동안 지구상의 모든 문화에서 우리의 상실감, 좌절감과 이루지 않은 꿈을 담는 그릇 역할을 해왔다. 윌리엄 셰익스피어가 말했듯이 시는 슬픔을 표현한다. 우리는 슬픔을 인식하고, 그 슬픔을 극복하기 위해 시를 읽고 쓴다. 또한 슬픔을 창조적으로 표현함으로써 삶에 대한 더 큰 통찰력을 기를 수 있다. 또한 시는 무엇보다도 우리가 삶에서 맞닥뜨리는 가장 어려운 문제에 대처하도록 도와준다. 시는 그런 삶을 바라보도록 한다. 그리고 통찰력과 탄력성, 의미를 제공한다."

박순현 시인의 삶의 현장에서 묻어나는 온갖 질고와 애증의 흔적을 통해서 길어 올린 작품들을 통하여 인간 본능이 말하고자 하는 의미를 재발견하는 시간으로 독자들을 초대한다.

작은 물길 따라
꿈을 안고

희망이 흐른다
큰 강물이 되고
더 넓은 바다에서
별을 가득 담고
태양 같은
정렬로 산다
용이 높이 날아오른다

-〈왕숙천〉 전문

오랫동안 구리와 남양주 사이를 유유히 흐르는 왕숙천이 명소로 꼽히고 있다. 하루에도 수천 명이 왕숙천을 거닐면서 운동을 하곤 한다. 뿐만 아니라 계절마다 각종 문화 행사가 곳곳에서 열리는 등 많은 시민들이 찾는 명소가 된 지 이미 오래다. 그러나 박순현 시인은 그 아름다운 길을 자유롭게 통행하는데 다소 어려움을 안고 살아가는 분으로 알고 있다. 그런 그에게도 왕숙천은 로망의 길이며 또한 그의 삶의 일상에서 얻어 돌아오는 스트레스 등 각종 문제로 마음이 답답해질 때마다 늘 카타르시스 시켜주는 장소이기도 하다. 왕숙천의 흐름은 자연스럽게 한강

의 젖 줄기로 이어진다. 그래서 시원하다. 낮이면 구름을 따라 흐르고, 밤이면 별빛 세례를 받으며 흐른다. 그 물줄기는 한강을 이루고, 그 한강은 오대양 육대주를 지나 지구 저 끝 가운데로 이상을 실어 나르는 위대한 힘을 지니고 있다. 그러기에 시인은 왕숙천을 통해서 희망과 정렬을 공급받게 되고, 그 힘으로 남은 삶을 거뜬히 살아갈 동기를 부여받게 됨을 위의 시에서 고백하고 있다.

내가 웃을 수 있는 것은
누군가를 생각하고 있기 때문입니다
내가 즐거워하는 것은
누군가와 같이 있기 때문입니다

차가운 바람이 스칠 때 옷깃을 여미고
어느새 숨어드는 손 장갑처럼
따스한 마음에 있기 때문입니다
어두운 밤 나 혼자 하늘에
서성거리는 별이 되어 지쳐갈 때
살며시 다가와 포근히 안아주기 때문입니다

내가 울고 있는 것은
소중한 사람을 잃어버린 것 때문입니다
내가 슬퍼하고 있는 것은
소중한 사람을 보내 버린 것 때문입니다

이제는 소중한 사람과
밤하늘에 사랑의 별을
하나씩 만들겠습니다

-〈소중한 사람〉 전문

오늘 이 시대는 사람으로 인한 상처가 심각하게 민낯을 들어내 보이기에 절대 고독과 외로움을 자청하는 분위기의 지배를 받고있는 것이 사실이다. 그래서일까 세간에는 『고독의 위로』(앤서니 스토지음/이순영옮김), 『외로움의 철학』(라르스 스밴젠지음) 『아웃사이더』(콜린 윌슨 지음/이성규 옮김), 『고통에 반대하며』(프리모 레비 지음/심하은 옮김), 『관조하는 삶』(한병철 지음/전대호 옮김), 『공감과 비전 그리고 내적인 성숙을 위한 하나됨을 위하여』(헤르만 헤세 지음/폴커 미 헬스 엮음)과 같은 도서가

널리 읽히고 있다.

그러나 이 복잡한 과정을 차치하고서라도 박순현 시인은 그 한 사람의 소중함과 사랑을 가슴 깊이 느끼고 경험하고 있다. 그 한 사람으로 인해서 웃고, 즐거워하고, 행복해 하고 있음을 본다. 그러기에 그 한 사람을 잃게 되면, 그 아픔과 슬픔은 절대적으로 시인을 힘들게 한다. 이를 반대로 놓고 생각하면, 시인에게는 사람 그 이상의 것이 없다는 것으로도 읽힌다. 그래서 시인은 행복하며 위대하고도 가장 소중한 재산을 소유하고 있음의 산증인인 것이다. 소확행의 진면목을 드러내 보여준다고 할 수 있다. 그 에너지가 위의 시에 아주 잘 드러나 있어서 좋다.

생각 하나 올리고
소원 하나 올리고
눈빛 하나 더 올리고
사랑하는 모든 이
건강과 행복을
간절한 마음으로 쌓아
기도한다

–〈돌탑〉 전문

건강한 사람만이, 경제적인 풍요를 누리는 사람만이, 권력과 명예를 가진 사람만이, 많은 지식을 습득한 사람만이, 대중의 입에 회자(膾炙)되는 사람만이 타인을 향한 배려에 익숙해지는 것은 아니다.

그 증인이 바로 박순현 시인이다. 시인의 형편은 정확하게 알 수 없으나 시를 통해서 알게 된 바로는 결코 양적인 여유를 지닌 분은 아니라는 것을 곧 알아차릴 수 있다. 그럼에도 불구하고 시인은 타인을 향한 이해와 배려와 사랑하는 그 마음만큼은 누구 못지않게 크고 넓고 깊다는 사실을 위의 짧은 시를 통해서 충분히 발견하게 된다. 매순간 이웃으로서의 타인을 생각하고 그리워하고 사랑하는 그 마음이 광활한 우주적이다.

보이지 않는 널
가슴이 터지도록 키우며 산다
하얀 속살 붉은 꽃잎에
아름답게 피어나고 자라고

벌판에 춤을 추는
꽃잎과 열매들

보일 듯 말 듯
익어가는 계절 속에
너는 마음 가득 웃는구나

솔 나뭇가지 위에
눈 꽃송이 가득하면
그 속에 너를 숨기고
봄을 기다린다
내 속에 살고 있는 넌
내가 그린 나의 영원한 그림자

–〈그림자〉 전문

위의 시는 시인의 행동반경을 직시하게 하는 작품으로 읽힌다. 시인의 제한적 움직임을 통해서 시인은 친근감 있는 주변의 대상들을 친구삼고 있음을 본다.

타인에게는 수시로 반가이 맞이할 수 있는 꽃잎과 열매와 사계절의 흐름을 타고 전이되는 삼라만상도 그렇고 모든 것이 시인에게는 그림자, 가장 가까이서 맞이할 수 있는 유희와 행복의 상징적 대상물임을 고백하고 있다. 이

것이 가장 현실적이고 또한 사실적이며 동시에 지혜로운 자기 고백적 삶인 것이다.

만일 이러한 고백과 자족하는 삶이 뒷받침되지 않는다면, 시인뿐만 아니라 이 땅에 발을 붙이고 살아가는 이들에게는 원망과 불만족스러운 삶으로 일관되게 될 것이며, 그러한 삶이 모인다면 밝은 불빛 찬란한 투명한 세상이 아닌 짙은 어두움 자욱한 세상(회색 인간이 침범하는)으로 변질되어 폭력과 불신이 난무하는 시대가 될 우려가 깊다. 시인은 이러한 세상을 이미 알고 있기에 자신이 할 수 있는 자족의 삶에 최선을 다하고 있음이 위의 시에 그대로 드러나 있다고 하겠다.

어디로 숨어 버렸는지
소리도 들리지 않고
보이지 않는다

징검다리를 건너듯
성큼성큼 넘겨버린 세월에
아무런 흔적이 없다

끝없이 자라나는 어린나무처럼
푸릇푸릇한 마음들
하늘 가득 채웠던 어린 시절

어설픈 사랑을 배워가던
비 오는 가을날
담벼락에 기대어 익어가던 단풍잎 향기가 그리웁다

-〈어릴 적 가을 향기〉 전문

사노라면 문득문득 과거, 추억을 회상하면서 그 시절을 그리워하곤 한다. 지난날들의 추억이 제공해 주는 위안은 분명하다. 모든 현재의 삶 역시 지나노라면 가장 편안한 마음으로 대면하게 되고 그리움 짙은 미소를 지으면서 회상의 기쁨을 경험하게 되는 것이 당연하다.

그래서 힘에 겹고 마음이 아프고 쓸쓸함이 몰려올 때면, 우리는 일상을 벗어나 추억이 서려 있는 곳을 향해 행동하는 것이다. 이것이 바로 여행이 우리에게 가져다주는 유익인 것이다. 이것은 미시적 유익이라 할 수 있겠지만, 삶의 곤고함이 밀려서 오면 어릴적 추억으로 되돌아가 위로와 힘을 얻어 돌아오는 것이 보편적인 삶이라고 하면 박순현 시인의 일상도 적지 않은 고뇌의 바람이 불어 지칠 때가 있다는 사실을 알게 하는 작품이다. 그렇다고 오늘의 삶을 피해서 역사로의 컴백을 할 수도 없지 않은가. 그렇다면 영혼의 날개를 펴서 추억 속 행복하고 자신의 정체성을 여물게 한 시절의 순간들을 회상하여 힘을 얻는 것이 바람직하다고 본다.

오늘은 친구 생일
내일은 이웃집 아저씨 생일
다음 날은 내 생일
차려진 음식보다
얼굴을 마주 보며
서로의 마음을 나눠 먹는
웃음과 즐거움이
살아감에 최고의 행복인데
유리창에 비가 내린다
떠나고 없는 빈자리에
빗물이 가득 고인다

-〈빈자리〉 전문

박순현 시인의 시를 감상하노라면 시인이 사람들을 얼마나 많이 소중하게 생각하는가와 그들의 사랑을 그리워하는가를 곧 알아차릴 수가 있다.

위의 시도 그 범주를 크게 벗어나지를 않는다. 친구의 생일을 기억하고, 이웃 아저씨의 탄생일을 기억하고, 그 모든 예식을 통해서 외연의 소중함과 가치보다는 내적 풍요와 감사와 가치를 잊어서는 안 된다는 교훈적 시로도 충분히 읽힌다고 할 수 있다. 위의 시를 통해서 시인은 삶의 내적 평안과 의미를 충분히 공유하고 싶어하는 간절함을 시의 행에 삽입시켜 독자들과 함께 나누기를 원한다.

그렇게 하지 않고 아무리 외연에 치중하여, 화려함은 보여줄지 모르지만 곧, 그의 삶이 참혹한 지경에 이르게 된다는 사실을 위의 시 마지막 행('유리창에 비가 내린다' '빗물이 가득 고인다')에 그려놓고 있다.

잃어버린 것들
늦어버린 것들
후회도 미련도
어둠의 바다로 씻어 내리고

구름을 걷어서
가슴에 넣어두고
조금씩 울고
환한 달을 따서
꼭꼭 숨겨두고
가끔 살며시 울고만 싶다

여명을 붙잡고 일어난다
걸어간다
또 하루의 길목 깊은 곳으로

-〈일어나〉 전문

이 시집의 작품들을 총망라하여 삶의 순간순간의 비련(悲戀)과 유사한 시련에 영향을 받고 살아가는 것이 인생이라는 사실을 알려주는 시로서 위의 시가 주는 의미가 가장 짙다고 할 수 있다. 어느 누구 하나 예외 없이 홀로 밤을 지세우면서 눈물짓고, 아파한 적 없는 사람들이 있겠는가?

자신할 사람들은 없다. 박순현 시인의 삶은 상상만 해

도 충분히 그 아픔과 고뇌가 느껴진다. 그런 시인의 작품이어서 함부로 말을 걸어 이견을 제시할 수는 없지만, 위의 시 마지막 연만큼은 가장 의지적인 표현으로 읽힌다.

'여명을 붙잡고 일어난다' '걸어간다' '또 하루의 길목 깊은 곳으로' 시인에게는 장애가 더 이상 그의 삶의 발목을 잡는 수렁이 될 수 없다는 자기 확신이며 만족이며 감사이며 동시에 동적인 에너지의 공급원이 된다는 사실을 독자들에게 알려주는 시로 읽히는 것이다. 이 시대를 힘겹게 살아가는 이들을 독려하는 시로도 읽히는 엑기스가 충분히 내재 된 작품이다.

3. 박순현 시인을 위한 시의 정원의 향기를 기원하면서

시에는 자유와 행복과 의미를 향한 출구 역할을 하는 수백수천 개의 깨끗한 창이 있음을 충분히 경험해 보지 못한 사람들은 잘 모른다.

이미 박순현 시인은 충분히 그 창을 통하여 사람과 사물 그리고 삶의 속성과 유한한 족속으로서의 인간들의 참된 소통 방법의 비밀에 대해서 다 알고 있는 눈치다. 홀로 고독해 하면서, 남들이 자유로이 왕래하는 곳을 힘겹게 거닐면서 그리고 무엇인가 자신의 삶을 옥죄는 듯한 외연의 찬란함만을 가치로 여기면서 살아가는 천민자본주의 한가운데서 무엇이 기쁨이고, 희망이며 행복인지를 충분히 간파하고 있어서 놀랍다.

그 중심에서 시가 이정표가 되어 주고 어두운 밤을 밝게 비추며 길 문을 열어주는 밝은 가로등불빛이 된다는 사실도 충분히 알게한다.

많은 것을 가지고 자랑하는 사람들이 부끄러움 모르고 행하던 진실과 순수의 부재와 부자유스러운 인생의 모서리에서도 분명 시인은 하늘을 우러르면서 감사의 기도와 더불어 자신과 이웃하는 많은 사람들을 위해서 도움이 되고자 했던 그 숱한 행위와 마음가짐 하나하나를 뚜렷하게 기억하게 한다.

어떤 이는 한 편의 시도 읽지 않고 생애를 마감하는 이들도 있다. 어디 이뿐이겠는가? 한 권의 도서와 삶의 깊이가 느껴지는 양서(良書)를 탐독하지 않음으로 인해서 참된 가치와 기회를 놓치고 살아가면서 자기주장만을 일삼는 아집(我執)이 성행하는 세상에서 시인은 그냥 시의 소중한 그릇에 자신의 양심 그리고 선한 본능의 결실을 담아서 독자들 앞으로 살짝 내어놓을 뿐이다.

강권하지도 않으며, 마구 주장하지도 않는다. 다만 시가

있으므로, 시와 함께하고 있으므로, 시와 친구 삼아 그가 삶이 조금은 여유로워지고 감사가 넘치고 영혼의 깊은 곳으로부터 기쁨이 샘솟는 것 하나만으로도 감사의 고백을 하고 있다. 이는 시를 사랑하고, 시를 존경하고, 시의 가치를 가장 충분히 대면하는 겸허한 삶의 주인공으로 살아가고 있음이다.

일생을 불편한 몸으로 살면서도 불빛 같은 희망을 끄지 않고, 사회의 일꾼을 양성하는 문학을 통하여 화려하게 생을 마감했던 장영희 교수의 삶의 에너지가 박순현 시인의 삶을 충분히 견인해 주시기를 간절히 바라면서 이 한 권의 시집 『이름 없는 꽃』이 어둡고 불온한 시대를 정화시키는 귀한 도구가 되기를 간절히 바라며, 시인의 삶에 큰 행복과 소망이 가득 넘치기를 기도드린다.

이성복 시인은 『끝나지 않는 대화』에서 "시는 가장 낮은 곳에 머물다"라고 역설한 바 있다. 이어서 "글을 쓴다는 것은 그 원초적인 장면, 그 절대 고독을 기억하고 조명하는 것입니다. 텔레비전이나 영화에서, 시체공시소에 간 형사가 천을 들추고 들여다볼 때 시체는 보여주지 않고 찡그리는 얼굴만 보여 주잖아요. 글쓰기 또한 그처럼 두렵고 고통스러운 대면입니다. 그래서 끊임없이 피하려고만 하는 것이지요. 나는 원초적인 인간입니다. 아무에게도 말할 수 없고, 아무 말도 해 줄 수 없으며, 아무 소리도 들리지 않는 순간이 시의 순간입니다."

보르헤스는 『문학을 말하다』에서 다음과 같이 조언을 아끼지 않고 있다. "우리는 시를 향해 나아가고, 삶을 향해 나갑니다. 그리고 삶이란, 제가 확신하건대 시로 만들어져 있습니다. 시는 낯설지 않으며, 앞으로 우리가 보겠지만 구석에 숨어 있습니다. 시는 어느 순간에 우리에게 튀어나올 것입니다."

시로 인해서 시인의 삶이 파란 하늘 가득 날아오르는 철새와 더불어 환희 가득한 축제의 현장이 되기를 소망하면서 귀한 시집 감상의 변을 마칠까 한다.